BEI GRIN MACHT SICH IHR WISSEN BEZAHLT

- Wir veröffentlichen Ihre Hausarbeit, Bachelor- und Masterarbeit

- Ihr eigenes eBook und Buch - weltweit in allen wichtigen Shops

- Verdienen Sie an jedem Verkauf

Jetzt bei www.GRIN.com hochladen und kostenlos publizieren

Bibliografische Information der Deutschen Nationalbibliothek:

Die Deutsche Bibliothek verzeichnet diese Publikation in der Deutschen Nationalbibliografie; detaillierte bibliografische Daten sind im Internet über http://dnb.d-nb.de/ abrufbar.

Dieses Werk sowie alle darin enthaltenen einzelnen Beiträge und Abbildungen sind urheberrechtlich geschützt. Jede Verwertung, die nicht ausdrücklich vom Urheberrechtsschutz zugelassen ist, bedarf der vorherigen Zustimmung des Verlages. Das gilt insbesondere für Vervielfältigungen, Bearbeitungen, Übersetzungen, Mikroverfilmungen, Auswertungen durch Datenbanken und für die Einspeicherung und Verarbeitung in elektronische Systeme. Alle Rechte, auch die des auszugsweisen Nachdrucks, der fotomechanischen Wiedergabe (einschließlich Mikrokopie) sowie der Auswertung durch Datenbanken oder ähnliche Einrichtungen, vorbehalten.

Impressum:

Copyright © 2016 GRIN Verlag, Open Publishing GmbH
Druck und Bindung: Books on Demand GmbH, Norderstedt Germany
ISBN: 9783668261372

Dieses Buch bei GRIN:

http://www.grin.com/de/e-book/321721/moeglichkeiten-und-probleme-des-shared-space-konzepte-fuer-lebenswerte

Luca Knaack

**Möglichkeiten und Probleme des "Shared Space".
Konzepte für lebenswerte öffentliche Straßenräume**

GRIN Verlag

GRIN - Your knowledge has value

Der GRIN Verlag publiziert seit 1998 wissenschaftliche Arbeiten von Studenten, Hochschullehrern und anderen Akademikern als eBook und gedrucktes Buch. Die Verlagswebsite www.grin.com ist die ideale Plattform zur Veröffentlichung von Hausarbeiten, Abschlussarbeiten, wissenschaftlichen Aufsätzen, Dissertationen und Fachbüchern.

Besuchen Sie uns im Internet:

http://www.grin.com/

http://www.facebook.com/grincom

http://www.twitter.com/grin_com

Inhaltsverzeichnis

1. Einleitung	2
2. Hauptteil, erster inhaltlicher Abschnitt	
2.1 Geschichte	2
2.2 Rechtliche Lage	3
2.3 Sonnenfelsplatz - Graz	5
3. Hauptteil, zweiter inhaltlicher Abschnitt	
3.1 Vorteile des Shared Space	6
3.2 Nachteile des Shared Space	8
4. Fazit	10
5. Literaturverzeichnis	12
6. Abbildungsverzeichnis	13

„Shared Space"

-Konzepte für lebenswerte öffentliche Straßenräume, Möglichkeiten, Probleme-

1.: Einleitung

In der nachfolgenden Facharbeit werde ich das Konzept des „Shared Space" beleuchten. Den Anfang werde ich mit Informationen zu der Geschichte des Shared Space machen. Anschließend werde ich erarbeiten, ob die Umsetzung des Shared Space legal oder illegal ist. Diese Frage dürfte im heutigen Deutschland aufgrund der Vielzahl an Regelungen durchaus berechtigt sein. Um auf die Möglichkeiten und die Probleme des Shared Space sprechen zu kommen, werde ich zunächst am Beispiel des Shared Space Projekts in Graz die typische Umsetzung eines der Projekte zeigen. Die letzten beiden Punkte sind den Vorteilen, welche Shared Space uns bietet und den Nachteilen, welche leider mit jeder neuen Philosophie einhergeht, gewidmet. Abschließend werde ich ein Fazit ausformulieren.

2.1: Hauptteil – Geschichte

„Shared Space [...] bezeichnet eine Planungsphilosophie, nach der vom Kfz-Verkehr dominierter öffentlicher Straßenraum lebenswerter, sicherer sowie im Verkehrsfluss verbessert werden soll.".[1] Entwickelt wurde das Konzept im Jahr 1990 von dem Niederländer Hans Monderman. Seiner Meinung nach gibt es im Straßenverkehr zu viele Einschränkungen, welche der unmittelbaren Umwelt sozusagen ihre Identität rauben. Dies kann zum Beispiel durch die „Kanalwirkung" der Straße geschehen, die die Kfz-Fahrer auf ihrer Bahn halten solle. In den „Shared Space" Bereichen soll dem entgegengewirkt werden. Regulierende Straßenschilder werden entfernt, der Untergrund wird ebenerdig und farbig gestaltet, und alle Verkehrsteilnehmer werden in Folge dessen gleichberechtigt behandelt und sind nicht mehr dem Kfz unterworfen, welches bisher als der stärkste Verkehrsteilnehmer fungierte.[2]

Diese Idee wurde 1990 von zeitnahen Entwicklungen in der Schweiz und Deutschland vorangetrieben, und findet auch, oder gerade, in der Gegenwart großen Zuspruch. Parallel zur Entwicklung des „Shared Space" Konzeptes von Hans Monderman wurde in der Schweiz die Entwicklung einer Verkehrsberuhigung durch die sogenannten Begegnungszonen entwickelt. Diese Zone bevorzugt den Fußgänger,

---

[1] Unbekannt: Shared Space in: http://de.wikipedia.org/wiki/Shared_Space
[2] Vgl.: Shared Space in: http://de.wikipedia.org/wiki/Shared_Space#Geschichte_verkehrlicher_Leitbilder

und wurde bereits ab 1980 in Deutschland als Verkehrsberuhigter Bereich in Wohngebieten eingesetzt. Anders als bei dem Konzept, geht der Name für das neue Verkehrsmodell auf den britischen Verkehrsplaner Ben Hamilton-Baillie zurück.[3] Vereinfacht lässt sich sagen, dass im Mittelpunkt des Konzeptes der Gedanke einer neuen Einteilung des sonst sehr klassisch aufgebauten Straßenwesens steht. So wird vermutet, was jedoch noch nicht bewiesen wurde, dass „zum Beispiel eine gut sichtbare Schule mit spielenden Kindern einen viel stärkeren Effekt auf das Verhalten und das Tempo von Autofahrern [hat], als ein Schild, das auf überquerende Kinder hinweist, ohne das weit und breit eines zu sehen ist."[4] Diese Maßnahmen sollen weiterführend zu einem neuen Raumgefühl anregen, welches neue stadtplanerische Konzepte ermöglicht. Durch die Entfernung von Fahrbahnbegrenzungslinien, Straßenschildern und anderer regulierender Mittel kann inmitten einer Stadt neuer Raum entstehen. Der eingesparte Platz kann so beispielsweise für Verweilmöglichkeiten genutzt werden. Diese Verweilmöglichkeiten können den Straßenverkehr ebenfalls entschleunigen und zur Sozialität beitragen. Viel befahrene Straßen mit Ampeln und einer Vielzahl an Schildern können somit zu großräumigen einladenden Plätzen werden, welche das Leben der ortsansässigen Menschen nicht über, sondern auf die Straße verlagert. Auch ortsfremde Fahrer werden hier zum Wahrnehmen der örtlichen Identität eingeladen, und können nahtlos in die soziale und kulturelle Identität der Ortschaften integriert werden.

2.2: Hauptteil – Rechtliche Lage

Innerhalb Deutschlands sind die rechtlichen Voraussetzungen zur Errichtung von Shared Space bereits seit mehreren Jahren gegeben. Dass Shared Space erst in diesem Jahrtausend eingeführt worden ist, dürfte folglich ein Grund der Verwaltung sein. Hierbei muss man allerdings mehrere Faktoren, von unterschiedlichen Verkehrsforschungsinstituten beachten. So hat es in Deutschland zum Beispiel in den 1970er Jahren mit dem Verkehrsberuhigten Bereich angefangen, welcher eine sogenannte Mischfläche schaffte (Zeichen 325 StVO).[5] Umgangssprachlich wird diese Mischfläche heutzutage „Spielstraße" genannt. Bereits diese Straßenabschnitte hatten unter anderem die Aufgabe den Blick wieder auf die Umgebung zu lenken und zum Aufenthalt einzuladen.

---

[3] Vgl.: Shared Space: http://de.wikipedia.org/wiki/Shared_Space
[4] GERLACH, J.; METHORST, R.: Sinn und Unsinn von Shared Space, 2008, Seite 5.
[5] Vgl.: Verkehrsberuhigter Bereich: https://de.wikipedia.org/wiki/Verkehrsberuhigter_Bereich

Auch in der „Empfehlung für die Anlage von Hauptverkehrsstraßen 93" (EAHV 93) aus dem Jahr 1993 waren bereits Überlegungen und Ansätze zu finden, welche Ähnlichkeiten zu Shared Space aufwiesen. Im Kapitel vier der gleichnamigen Abschrift wird sogar explizit auf die Mischflächen eingegangen[6]. Somit waren Shared Space Projekte also schon vor einiger Zeit rechtlich gesehen durchführbar. Dies änderte sich auch nicht als die EAHV 93 und die „Empfehlung für die Anlage von Erschließungsstraßen 85/95" (EAE 85/95) 2007 von der „Richtlinien für die Anlage von Stadtstraßen 06" (RASt06) abgelöst worden ist. So empfiehlt die RASt 06 für die Erstellung einer Mischfläche, dass pro Tag nicht mehr als 400 Kraftfahrzeuge die umzuwandelnde Passage durchfahren sollten. Des Weiteren ist es ratsam die örtliche Höchstgeschwindigkeit von 30 Stundenkilometern nicht zu überschreiten. Genauso wie von der RASt 06 gibt es auch von der „Empfehlungen für Fußgängerverkehrsanlagen 2002" (EFA 2002) Vorschläge für Shared Space ähnliche Konzepte. So empfiehlt die EFA 2002 nicht generell eine Differenzierung zwischen Gehweg und Kfz-Straße. Abgetrennte Gehwege werden für nicht erforderlich gehalten, wenn die angrenzende Straße von höchstens 50 Fahrzeugen pro Stunde benutzt wird. Die „Verwaltungsvorschrift zur Straßenverkehrsordnung" (VwV-StVO) sieht für die Zeichen 325 und 326[7] keine Relation zur vorhandenen Verkehrsstärke, schreibt jedoch vor, dass die Verweilfunktion des Verkehrsberuhigten Bereiches Hauptaspekt bleiben muss. Die Geschwindigkeit muss dementsprechend wirksam gemindert werden. Wichtig für den Aspekt innerhalb des ursprünglichen Konzeptes für Shared Space, dass keine verkehrsregulierenden Zeichen vorhanden sein sollen, ist der Abschnitt V bei den „Shared Space Regelungen": „Innerhalb der [...] gekennzeichneten Bereiche sind weitere Zeichen [...] in der Regel entbehrlich."[8]. [9]

Schlussendlich kann man sagen, dass die Möglichkeiten für Shared Space rechtlich seit langer Zeit abgeklärt sind und mithilfe von Zeichen 325 VwV-StVO mit Schrittgeschwindigkeit umgesetzt werden. Außerdem ermöglicht die RASt 06 auch auf Hauptverkehrsstraßen Shared Space Anlagen.

---

[6] Vgl.: . Forschungsgesellschaft für Straßen- und Verkehrswesen: Empfehlungen für die Anlage von Hauptverkehrsstraßen, EAHV 93, Köln, 1993. oder GERLACH, J.; METHORST, R.: Sinn und Unsinn von Shared Space, 2008, Seite 16.
[7] Abbildungsverzeichnis Abbildungen 1 und 2.
8 Bundesministerium für Verkehr, Bau- und Wohnungswesen: Straßen Verkehrs Ordnung, 2013, §42 Absatz 2
[9]GERLACH, J.; METHORST, R.: Sinn und Unsinn von Shared Space, 2008, Seite 16+17.

2.3: Sonnenfelsplatz - Graz

Die Gestaltung des Sonnenfelsplatzes in Graz ist ein sehr junges, idealistisches und erfolgversprechendes Beispiel für Shared Space. Erst am 25. Juli 2011 wurde mit den Umbaumaßnahmen seitens der Gemeinde begonnen. Dank eines reibungslosen Ablaufes der Umbaumaßnahmen war das Projekt bereits zehn Wochen später vollendet. Somit wurde der zentral in Graz gelegene Knotenpunkt bereits am 11. Oktober des gleichen Jahres für die Verkehrsteilnehmer geöffnet. Innerhalb von Graz ist der Sonnenfelsplatz ein wichtiger Knotenpunkt, welchen pro Tag circa 15.000 Kraftfahrzeuge, bis zu 3.400 Fußgänger pro Stunde und über 640 Fahrradfahrer ebenfalls pro Stunde passieren. Diese Daten bestätigen bereits, dass der Verkehrsknotenpunkt nicht lediglich von den Kraftfahrzeugen dominiert, sondern wie allgemein definiert, auch Fußgängern und Radfahrern Vorteile bieten sollte.

Die Ausgangslage für eine erfolgreiche Evaluierung des Platzes war bereits gegeben, als das Projekt beschlossen worden ist. So waren unter anderem geschädigte Straßenabschnitte und sanierungsbedürftige Leitungen Grund genug, den Platz zu erneuern. Die gesamten Kosten beliefen sich auf 750.000 € und ermöglichten die Erneuerungen aller Leitungen, der Straßenfläche, der Beleuchtungsanlagen und der Shared Space-typischen Möblierung der Umgebung, welche bekanntermaßen zum Verweilen einladen soll. Einziges Überbleibsel einer regulierten Verkehrsumgebung ist eine Erhebung in der Mitte der Share Space Fläche, welche aus anderem Material als der Rest des Platzes besteht.[10]

Wie bei allen anderen Shared Space Flächen, gelten auch in Graz einige Regeln der StVO. So gilt beispielsweise immer noch der Vertrauensgrundsatz, so wie die „Rechtsregel"[11]. Besonders wichtig für die Gewährleistung der Verkehrssicherheit aller ist auch § 20 StVO, welcher alle Kraftfahrzeuge und Lastkraftwagen dazu verpflichtet, die Geschwindigkeit an die vorhandenen Bedingungen anzupassen. Dies geschieht, dank der Mischbenutzung aller, bei Shared Space automatisch. Weitere Geschwindigkeitsrichtlinien sind also nicht nötig und die innerörtliche Geschwindigkeitsbegrenzung auf 50 Stundenkilometer gilt weiterhin.

---

[10] Abbildung 3, Abbildungsverzeichnis
[11] Von rechts kommende Fahrzeuge, haben Vorfahrt vor von links kommenden Fahrzeugen

Auch für Fußgänger und Fahrradfahrer gibt es Regelungen. Diese verpflichten die Fußgänger nicht abrupt auf die Fahrbahn zu treten. Sollten sie bereits auf der Verkehrsfläche sein, sind sie dazu aufgefordert, die selbige in „angemessener Eile"[12] auch wieder zu verlassen. Entlang der Gebäudemauern gibt es für die Fußgänger eingefärbte Bereiche, welche von Autos nicht benutzt werden dürfen und von Fahrrädern nicht benutzt werden sollten. Zusätzlich, unter anderem an den Einfahrten zum „Kreisverkehr, gibt es weitere gefärbte Bereiche. Diese sollen den Autofahrer warnen, dass ab dort besondere Vorsicht geboten ist. Diese Bereiche können helfen, Unfälle zu vermeiden.[13]

3.1: Vorteile des Shared Space

Das Shared Space Konzept ist nicht ohne Grund so erfolgreich, wird ständig in neuen Projekten verwirklicht und ist in weiten Teilen Europas auf dem Vormarsch. Auch wenn es sich nicht universell in allen Gebieten des Straßenverkehrs verwirklichen lässt, so bietet es, wie ich im Folgenden offenlegen werde, hervorragende Vorteile.

Die Philosophie des Shared Space sollte zum jetzigen Zeitpunkt bereits bekannt sein. Eine Einbringung des Fußgängers in den Straßenverkehr ist eines der obersten Ziele und dies dürfte im Interesse der bis jetzt häufig übergangen Fußgänger liegen. Auch die Aufenthaltsraum schaffende Initiative, oftmals mit eigenen Bänken oder ähnlichen Sitzmöblierungen, ist lobenswert. In einer sich zunehmend urbanisierenden Welt, wirkt eine Art Park, mit, dank zum langsamen Fahren genötigten Autos, einem moderaten Lärmpegel, wie heutzutage fast nirgends sonst zu finden, beruhigend. Sie hilft den Bürgern zu entspannen und den Stress der Autofahrer zu mindern. Dank Veröffentlichungen, wie die vom Keuning Instituut, ist mittlerweile bestätigt, dass weniger Regelungen, wie es in Shared Space Bereichen der Fall ist, beinahe automatisch zu einer sichereren Verkehrslage führen. Teilnehmende Kraftwagenfahrer fühlen sich in ihrer Umgebung unsicherer und sind somit gezwungen vorsichtig zu fahren. Dieses erhöht die Verkehrssicherheit. Es wird ebenso behauptet, dass sich Autofahrer in Gebieten mit strikten Regeln, mit denen sie sich auskennen, riskanter verhalten, da sie möglichen Gefahren keine Beachtung mehr schenken.[14] Ob Unfälle in Shared Space Regionen dank dem Shared Space Konzept ausbleiben,

---

[12] Vgl.: Österreichische StVO §76: http://www.jusline.at/76_Verhalten_der_Fu%C3%9Fg%C3%A4nger_StVO.html
[13] Vgl. gesamten Absatz: http://www.stadtentwicklung.graz.at/cms/beitrag/10136328/5030273/
[14] Vgl.:GERLACH, J.; METHORST, R.: Sinn und Unsinn von Shared Space, 2008, Seite 22

oder gar deshalb passieren, lässt sich schwer belegen. Dennoch gibt es Statistiken, die Rückschlüsse darauf zulassen, um behaupten zu können, dass Shaared Space den Straßenverkehr sicherer macht. In einer Tabelle, welche aus Daten der Noordelijke Hogeschool zusammengestellt worden ist, ist eindeutig erkennbar, wie sowohl die Unfallschwere, als auch die Unfallfrequenz gemindert werden konnte, seit der Drachtener Verkehrsknotenpunkt 2001 in ein Shared Space Projekt gewandelt wurde.[15] So gab es in den letzten vier Jahren vor Shared Space zwei Unfälle mit Schwerverletzten als Folge, nach dem Umbau bis zur Erhebung der Daten keine Schwerverletzten. Auch die Anzahl der leicht Verletzten ist zurückgegangen. So gab es seit der Einführung des Shared Space Kreisverkehrs lediglich im ersten Jahr zwei Leichtverletzte, ansonsten keine weiteren Verletzten. Das einzige was nicht gänzlich ausgeschlossen werden konnte, sind Sachschäden. Abgesehen von dem bereits erwähnten ersten Jahr mit Shared Space in dem es acht Sachschäden gab, sind es in allen weiteren Jahren erheblich weniger Schäden. Die Gesamtunfallrate an der Kreuzung konnte von ursprünglichen 10,25 Unfällen pro Jahr, mit durchschnittlich zwei leicht- oder schwer Verletzten Unfallteilnehmern, auf durchschnittlich lediglich 3,4 Unfälle pro Jahr, bei denen kaum noch jemand verletzt wurde, gesenkt werden. Diese Statistik ist kein Einzelfall. Bei allen in der oben genannten Untersuchung aufgeführten Fällen, ist eine klare Tendenz zur unfallfreieren Verkehrslage zu erkennen. Dieser Tatsachenbestand hat mehrere Gründe. Zum einen wird es wohl so sein, wie oben schon erklärt, dass viele Verkehrsteilnehmer schlichtweg vorsichtiger fahren, andererseits ist eine Shared Space Konzeption stets auch auf Übersichtlichkeit getrimmt. Es wird stets darauf geachtet, dass „aufgeräumt" wird, was man anhand eines Vorher-Nachher Vergleich von Bildes des Shared Space Bereich in Graz erkennen kann.[16]

Doch es gibt noch weitere Vorteile. Nach einer Umfrage des ADAC, welche in mehreren Staaten durchgeführt wurde, sind durchschnittlich 45% aller Befragten der Meinung, dass es zu viele Verkehrsschilder gibt. Deutschland lag hierbei sogar deutlich über dem Durchschnitt. In Deutschland waren von Durchschnittlich 100 Befragten 75% der Meinung, dass es zu viele Schilder gibt.[17] Das häufigere Einführen von Shared Space würde somit direkt zu einer Entlastung der Autofahrer werden. Die Wartezeiten an Ampeln entfallen, da diese in Shared Space Bereichen genauso wie

---

[15] Abbildung 4, Abbildungsverzeichnis
[16] Vgl.: Abbildung 3 und 5 im Abbildungsverzeichnis
[17] Vgl.: Abbildung 6 im Abbildungsverzeichnis

Schilder abgeschafft werden. Hastiges Überqueren der Straße, die bekanntermaßen bislang den Fahrzeugen gehörte, entfällt zusätzlich. Laut der Welthungerhilfe verbringt jeder Mensch durchschnittlich 4.088 Stunden seines Lebens an einer Ampel.[18] Die Abschaffung von verkehrsregulierenden Regelungen ist somit auch im Interesse der Radfahrer. Durch die neu erlangte Möglichkeit, an alle Orte des Shared Space barrierefrei zu gelangen, wird der Verkehrsfluss der Radfahrer, sowie der Fußgänger, gesteigert. Die Aufenthaltsqualität, welche bekanntermaßen eine wichtige Grundlage des Shared Space darstellt, wird durch die neue Aufbereitung der oftmals alten Plätze vergrößert. Bürger, die sich an den Plätzen, die ehemals laut, unübersichtlich und aggressiv wirkten, aufhalten, sind viel eher dazu bereit sich an den neu gestalteten Plätzen wohl zu fühlen. Somit kann man insgesamt resümieren, dass Shared Space ein Projekt ist, das im Interesse der Mehrheit der Deutschen liegen dürfte, da es sowohl die Sicherheit, als auch die Qualität der Plätze steigert.

3.2: Nachteile von Shared Space

Ein vielleicht nicht ganz so großer Nachteil, aber trotzdem eine Veränderung durch die meisten Shared Space Plätze, die zu einem Ärgernis der motorisierten Verkehrsteilnehmer führen könnte, ist, dass von den meisten Shared Space Mischflächen sämtlicher stehender Verkehr entfernt wird.[19] Damit ist nicht etwa die lange Schlange vor den Ampeln gemeint, sondern wertvolle Parkplätze an zentralen Punkten in europäischen Städten. Die Entfernung des stehenden Verkehrs mag zwar zur endgültigen Umsetzung der Shared Space Philosophie notwendig sein, trägt aber ebenso wesentlich zur Minderung der örtlichen Qualität für Autofahrer bei, welche trotz der Hervorhebung des Radfahrer- und Fußgängerverkehrs in diesen Konzepten auch berücksichtigt werden sollten. Ansonsten wäre es keine Mischfläche mehr, sondern einfach nur eine Verkehrsberuhigte Straße, beziehungsweise eine Fußgängerzone.

Was aber noch unangenehmer für die motorisierten Verkehrsteilnehmer ist, ist die Tatsache, dass durch die gemeinsame Benutzung der Fläche durch Fußgänger, Fahrräder und Kraftfahrzeugen, die Kraftfahrzeuge gezwungen sind mit einem Minimum der örtlich erlaubten Geschwindigkeit zu fahren.

Bei Besichtigungen durch unabhängige Beobachter konnten beispielsweise bei einem Shared Space Projekt in den Niederlanden, welches sich über eine Länge 800m

---

[18] Vgl.: 4088 Stunden stehen wir vor roten Ampeln: Macht mehr draus, in: https://juiced.de/12372/4088-stunden-stehen-wir-vor-roten-ampeln-macht-mehr-draus/

[19] Vgl.: GERLACH, J.; METHORST, R.: Sinn und Unsinn von Shared Space, 2008, Seite 15

hinzieht, auch „vereinzelt hohe Geschwindigkeiten und riskante Fahrweisen beobachtet werden"[20]. Dieses lässt vermuten, dass Shared Space sich nicht überall anwenden lassen kann. Zur reibungslosen und optimalen Funktionalität, mit der auch eine erhöhte Verkehrssicherheit einhergeht, sollte Shared Space also nur auf kleinen Bereichen angewendet werden. Das macht es bei Weitem nicht alltagstauglich und lässt bezweifeln, ob man sich nicht vielleicht einer anderen Verkehrsphilosophie zuwenden sollte, bei der sich die Kraftwagenfahrer nicht an jeder Kreuzung wieder umgewöhnen müssen.

Die innerstädtische Geschwindigkeitsbegrenzung von 50 km/h ist nicht ohne Grund gewählt worden. Durch diese Geschwindigkeit kann gewährleistet werden, dass ein geführtes Fahrzeug innerhalb eines für den Fahrer sichtbaren Streckenabschnitts gestoppt werden kann. Ein weiterer Grund ist, dass 50 km/h eine Geschwindigkeit ist, bei der sich Fahrer in ihrem Können nicht unterfordert fühlen. Die langsamen Geschwindigkeiten in Shared Space Mischflächen dürften aber aus noch einem weiteren Grund unpassend für motorisierte Verkehrsteilnehmer sein. Nach einer Tabelle von Hans Monderman, sind Autofahrer schon kurz nach dem Start ihrer Fahrt dazu bereit mit durchaus hohen Geschwindigkeiten weiter zu fahren.[21] Die Daten dieser Tabelle sind erschreckend. Sie geben an, dass der Durchschnittsfahrer sich bereits nach zwei Minuten dazu bereit fühlt, mit Geschwindigkeiten von bis zu 50 km/h zu fahren. Dieser Wert steigt weiterhin rasant an. Bereits nach 5 Minuten fühlen sich die Autofahrer bereit 70 km/h zu fahren, 100 km/h dann nach etwa 18 Minuten. In der gleichen Steigerung wie zwischen 70 und 100 km/h steigt die Bereitschaft schneller zu fahren auch weiterhin. Eine größere Zone im Shared Space Stil könnte somit gefährlich werden, weil Autofahrer dazu gezwungen sind, längere Zeit langsam zu fahren. Sie fühlen sich unterfordert, es geht ihnen zu langsam voran und sie fangen mit einer erhöhten Wahrscheinlichkeit an, gefährliche Manöver durchzuführen. Durch den unter „Vorteile" erwähnten Aspekt, dass Fahrradfahrer nun freier in ihrer Wahl sind, welche Strecke, und auf welcher „Bahn" sie fahren möchten, wird es verständlicher Weise für alle anderen Verkehrsteilnehmer unübersichtlicher, was die Absichten der Fahrradfahrer sind. Dies stellt sogar eine potentielle Erhöhung der Unfallgefahr dar, die vor allem die Sicherheit junger Fahrradfahrer, aber auch die der Fußgänger gefährdet.

---

[20] Vgl.: GERLACH, J.; METHORST, R.: Sinn und Unsinn von Shared Space, 2008, Seite 27
[21] Vgl.: Abbildung 7 im Abbildungsverzeichnis

4.: Fazit

In den vorangegangenen fünf Kapiteln habe ich dargestellt, was genau Shared Space ist. Eine Gestaltungsphilosophie für Verkehrsknotenpunkte, bei der auf Beschilderungen und weitgehende Fahrbahnmarkierungen verzichtet werden soll. Dies geschieht, damit es möglich ist, dass der Platz, welcher oft auch Mischfläche genannt wird, einen neuen Charakter, welcher zum Verweilen einladen soll und zudem sicherer und umgebungsnäher wird, gewinnen kann. Damit dieses, auf den ersten Blick, gute Konzept umgesetzt werden kann, muss es auch legal durchführbar sein. Dass dies der Fall ist, habe ich in Kapitel 2.2 belegt. Mein Beispiel für ein Shared Space Projekt war der Sonnenfelsplatz in Graz. Hier vollzog sich die Umsetzung schnell und effektiv. So steht in meinem Mittelpunkt der Vorteile, dass die Aufenthaltsqualität für Bürger enorm verbessert wird, und dass die Sicherheit an den Plätzen statistisch gesehen zunimmt.

Auf der anderen Seite sehe ich bei den Nachteilen die Risikobereitschaft, der auf teilweise langen Shared Space Abschnitten gelangweilten Autofahrer, die, schon nach kurzer Zeit dazu bereit sind, schneller, als in den Shared Space Bereichen möglich, zu fahren.

Schlussendlich überwiegen meiner Meinung nach die positiven Aspekte. Das Shared Space ist eine aufregende neue Konzeption, welche zu einem zukunftstauglichen grüneren, übersichtlicheren und sichereren Stadtbild führen wird. Auch wenn es bis jetzt in Deutschland noch nicht sehr häufig umgesetzt worden ist, denke ich, ist durchaus Platz nach oben, da eine flächendeckende Umsetzung auch im Interesse der Bürger liegen dürfte. Gemütliche zum Verweilen einladende Plätze inmitten einer modernen und hektischen Stadt, tragen zur allgemeinen Verbesserung des Wohnraums bei. Dies dürfte auch bei Eltern auf Konsens stoßen. Zwar mag das Fehlen von klar definierten Wegen für Kinder, allgemein für Fußgänger, Eltern erst einmal beunruhigen Dennoch ist nachgewiesen, dass Shared Space die Verkehrssicherheit erhöht, statt sie zu gefährden. Potentielle negative Einwände können relativ einfach entkräftet werden. So ist risikoreiches Fahren keine Besonderheit, welche an Shared Space liegt.

Auch ich bemerke in meinem Alltag immer häufiger, dass Geschwindigkeitsbegrenzungen zum Großteil knapp überschritten werden, von „Rasern" teils auch stark überschritten werden. Dies wird immer wieder vorkommen. Folglich lässt sich für mich nur das wiederholen, was ich am Ende von Kapitel vier bereits geschrieben habe. Shared Space ist ein Konzept, welches größtenteils Vorteile birgt, die Verkehrslage beruhigt, und dennoch effektiv ist. Also sollte eine flächendeckende Abdeckung mit Shared Space Anlagen im Interesse aller sein.

5.: Literaturverzeichnis

[1]: Unbekannt: Shared Space, „http://de.wikipedia.org/wiki/Shared_Space" letzter Zugriff am 29.02.2016

[2]: Unbekannt: Verkehrsberuhigter Bereich, „https://de.wikipedia.org/wiki/Verkehrsberuhigter_Bereich" letzter Zugriff am 29.02.2016

[3]: GERLACH, J.; METHORST, R.: Sinn und Unsinn von Shared Space, 2008, Link: "http://www.pro-retina.de/dateien/ea_shared_space_sinn_und_unsinn.pdf"

[4]: Forschungsgesellschaft für Straßen- und Verkehrswesen: Empfehlungen für die Anlage von Hauptverkehrsstraßen, EAHV 93, Köln, 1993

[5]: Bundesministerium für Verkehr, Bau- und Wohnungswesen: Straßen Verkehrs Ordnung, 2013.

[6]: Östereichische StVO §76: „http://www.jusline.at/76_Verhalten_der_Fu%C3%9Fg%C3%A4nger_StVO.html" letzter Zugriff am 29.02.2016

[7]: Unbekannt, Sonnenfelsplatz, „http://www.stadtentwicklung.graz.at/cms/beitrag/10136328/5030273/" letzter Zugriff am 29.02.2016

[8]: Unbekannt, 4088 Stunden stehen wir vor roten Ampeln: macht was draus, „https://juiced.de/12372/4088-stunden-stehen-wir-vor-roten-ampeln-macht-mehr-draus/" letzter Zugriff am 29.02.2016

6.: Abbildungsverzeichnis

Abbildung 1 (VwV-StVO Z. 325.1) von: https://de.wikipedia.org/wiki/Datei:Zeichen_325.1.svg

Abbildung 2(VwV-StVO Z. 325.2) von: https://de.wikipedia.org/wiki/Datei:Zeichen_325.2.svg

Abbildung 3 (Shared Space in Graz) von: http://www.stadtentwicklung.graz.at/cms/bilder/73927/80/400/267/28b2261f/Shared%20Space-Graz__5826_klein.jpg

Jahr / Kategorie	Getötet	Schwer verletzt	Leicht verletzt	Sachschaden	Gesamt
Drachten –Laweiplein					
1997	0	1	3	6	10
1998	0	0	0	9	9
1999	0	1	3	9	13
2000	0	0	0	9	9
2001*	0	0	0	4	4
2002	0	0	2	8	10
2003	0	0	0	3	3
2004	0	0	0	1	1
2005	0	0	0	1	1
2006	0	0	0	2	2

Abbildung 4 (Unfallstatistiken Drachten) von: http://www.pro-retina.de/dateien/ea_shared_space_sinn_und_unsinn.pdf   Seite 24

Abbildung 5 (Vorher in Graz) von: http://www.walk-space.at/Award2013/projekt/Sonnenfelsplatz_vorher.jpg

Zu viele Schilder
(Angaben in Prozent)

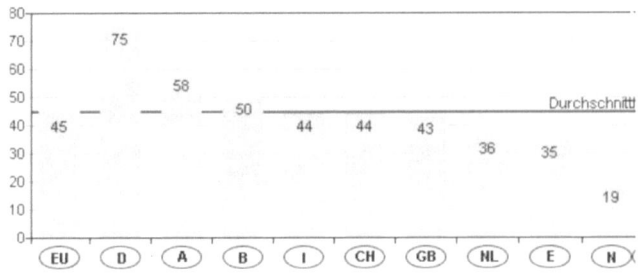

Abbildung 6 (Zu viele Schilder ADAC) von: http://www.pro-retina.de/dateien/ea_shared_space_sinn_und_unsinn.pdf   Seite 21

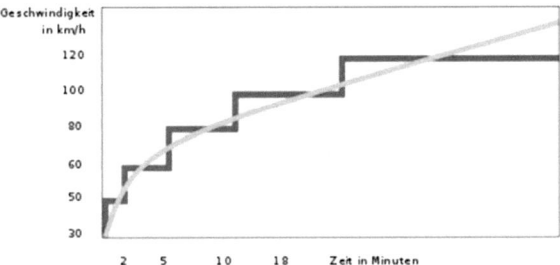

Abbildung 7 (Treppchenmodell) von: https://upload.wikimedia.org/wikipedia/commons/thumb/9/9f/Treppchenmodell_monderman.svg/2000px-Treppchenmodell_monderman.svg.png

BEI GRIN MACHT SICH IHR WISSEN BEZAHLT

- Wir veröffentlichen Ihre Hausarbeit, Bachelor- und Masterarbeit

- Ihr eigenes eBook und Buch - weltweit in allen wichtigen Shops

- Verdienen Sie an jedem Verkauf

Jetzt bei www.GRIN.com hochladen und kostenlos publizieren